لَمّا كَبِرَ بَطْنُ الأَرْنَبِ !

تأليف: ميساء موسى

رسوم: نجلاء الداية

إهــداء

إلى كُلِّ أطْفالِ العالَم،
إلى كُلِّ مَنْ كانَ سَنَدًا لي
ويَدْعَمُني مِنْ عائِلَتي وأصدِقائي

دار الرُّقيّ
للطباعة والنشر والتوزيع

2

يَعيشُ في البَرِّيّةِ أَرْنَبٌ رَمادِيُّ اللّوْن، كانَ يُحِبُّ أَكْلَ الجَزَرِ كَثيرًا حَتّى سَمِنَ فَأَصْبَحَ بَطْنُهُ كَبيرًا، وَلَمْ يَعُدْ يَتَحَرَّكُ بَسُهولَةٍ.

شَعَرَ أَنَّها مُشْكِلَةٌ كَبيرَةٌ، فَفَكَّرَ وفَكَّرَ كَثيرًا كَيْفَ يَحُلُّ هَذِهِ المُشْكَلَة!

ذاتَ يَـوْمٍ، مَرَّتْ بِقُرْبِهِ النَّمْلَةُ وسَأَلَتْه: «أيُّها الأرْنَبُ المِسْكين، ماذا حَلَّ بِكَ؟! لِمَ أصْبَحَ بَطْنُكَ كَبيرًا؟!».

أجابَ الأرْنَب: «لَقَدْ أكَلْتُ الكَثيرَ مِنَ الجَزَر، هَلْ تُساعِدينَني؟».

فَكَّرَتِ النَّمْلَةُ قَليلًا وقالَت: «أنا آكُلُ الكَثيرَ مِنَ الحُبوبِ وبِانْتِظامٍ، فَأَحْرِصُ عَلى ألّا يَزيدَ وَزْني، وأعْمَلُ طَوالَ النَّهار، لِذَلِكَ لا يَكْبُرُ بَطْني وأتَحَرَّكُ بِسُهولَةٍ، فَيُسَمّونَني بِالنَّشيطَة».

لَكِنَّ الأَرْنَبَ ما زالَ مُحْتارًا وبَقِي جالِسًا يَأْكُلُ الجَزَر...يَبْدو أَنَّهُ لَمْ يَقْتَنِعْ بِكَلامِ النَّمْلَة، فَحُبُّهُ لِلجَزَرِ لا يوصَف.

فَكَّرَتِ النَّحْلَةُ قَليلًا وأجابَتْه: «أنا آكُلُ يَوْميًّا مِنْ رَحيقِ الأزْهارِ وبِانْتِظامٍ، لَكِنَّني أَعْمَلُ طَوالَ النَّهارِ، لِـذَلِـكَ لا يَكْبُرُ بَطْني وأَتَحَرَّكُ بِسُهولَةٍ... ويُسَمّونَني بِالنَّشيطَة.»

لَكِنَّهُ ما زالَ يَأْكُل، وَيُفَكِّرُ وَيُفَكِّرُ بِهَذِهِ المُشْكِلَة!

ثُمَّ مَرَّتِ النَّحْلَةُ وَسَأَلَتْه: «أَيُّها الأَرْنَبُ الرَّمادِيّ، تَوَقَّفْ عَنِ الأَكْل، ماذا تَفْعَل؟!».

أَجابَ الأَرْنَب: «ماذا أَفْعَل لِأُخَفِّفَ مِنْ أَكْلِ الجَزَر؟».

وبَعْدَ غِيابٍ طَويلٍ عَنِ البَرِّيَّة، عادَ نَقّارُ الخَشَبِ لِيَعيشَ ثانِيَةً مَعَ الحَيَواناتِ الّتي يُحِبّ.

ذاتَ صَباحٍ، نَظَرَ الأَرْنَبُ إلى الأَعْلى فَوَجَدَ نَقّارَ الخَشَبِ يَقِفُ عَلى غُصْنِ الشَّجَرَة، مَرَّةً يَنْقُرُ بِمِنْقارِهِ غُصْنَ الشَّجَرَةِ ومَرَّةً أُخْرى يَنْظُرُ إلَيْهِ وهُوَ يَأْكُلُ الجَزَر.

قالَ لَه: «أيُّها الأَرْنَبُ المِسْكين، مُنْذُ مُدَّةٍ ولَمْ أَرَك، ماذا تَفْعَل؟!».

أجابَ الأرْنَب:
«أُحِبُّ الجَزَرَ كَثيرًا
ولا أسْتَطيعُ التَّوَقُّفَ
عَنْ أكْلِهِ».

قَالَ نَقّارُ الخَشَب: «لَنْ أَتْرُكَكَ وَحْدَكَ وسَوْفَ أُساعِدُكَ».

تَعَجَّبَ الأَرْنَبُ وقـال: «كَيْف؟!».

اقْتَرَبَ مِنْهُ بِسُرْعَةٍ وأخَذَ مِنْهُ آخِرَ جَزَرَةٍ كانَتْ مَعَه، وطار...

هَيّا قِف، تَحَرَّك واقْفِز...

واحِد، اثْنان، ثَلاثَة...

يَجِبُ أنْ تَتَغَلَّبَ عَلى مُشْكِلَتِكَ وتُخَفِّفَ مِنْ
أكْلِ الجَزَر.

قالَ الأرْنَبُ في نَفْسِه: «يَجِبُ أنْ ألْتَقِطَ
هَذِهِ الجَزَرَةَ فَهِيَ لي ويَجِبُ أنْ آكُلَها».

فَاسْتَعَدَّ الأَرْنَبُ وبَدَأَ يَتَحَرَّكُ بِبُطْءٍ ثُمَّ قَفَز، واحِد...اثْنان...ثَلاثَة.

لَكِنَّ نَقّارَ الخَشَبِ صارَ يَطيرُ مِنْ غُصْنٍ إلى آخَـرَ... مَرَّةً يَعْلو ومَرَّةً يَنْخَفِض... لَكِنّ الأَرْنَبَ لَمْ يَسْتَطِعِ الْتِقاطَ الجَزَرَة.

فَقَالَ لَهُ نَقّارُ الخَشَبِ:

«سَأَزُورُكَ كُلَّ يَوْمٍ لِأَطْمَئِنَّ عَلَيْكَ».

ومِنْ وَقْتٍ إلى آخَرَ، يَزورُ نَقّارُ الخَشَبِ الأَرْنَبَ ويَخْطِفُ مِنْ يَدِهِ الجَزَرَةَ مِنْ دونِ أَنْ يَشْعُرَ بِذَلِك.

16

مَرَّتِ النَّحْلَةُ والنَّمْلَةُ صَباحًا بِالقُرْبِ مِنَ الأرْنَبِ وتَعَجَّبتا لِأمْرِه...

- ماذا فَعَلْت؟! بَطْنُكَ يَصْغر...

- صارَ نَقّارُ الخَشَب يَأْخُذُ مِنّي كيسَ الجَزَرِ ويُعْطيني واحِدَةً حَتّى آكُلَها.

فَرِحَتْ كُلٌّ مِنَ النَّمْلَةِ والنَّحْلَةِ بِما فَعَلَهُ نَقّارُ الخَشَبِ مَعَ الأرْنَب، وفَكَّرَتا بِطَريقَةٍ تُساعِدانَهُ فيها لِلبَحْثِ عَنْ عَمَلٍ لَه.

- ما رَأْيُكَ بِأَنْ تُصْبِحَ مُدَرِّبًا لِلُعْبةِ القَفْزِ وتُساعِدَ الحَيَواناتِ لِلحِفاظِ عَلى وَزْنِها أَيْضًا؟

رَحَّبَ الأَرْنَبُ بِالفِكْرَةِ كَثيرًا، فَصارَ يُدَرِّبُ الحَيَواناتِ يَوْمِيًّا عَلى لُعْبةِ القَفْزِ ويَأْكُلُ الجَزَرَ بِانْتِظامٍ.

1 - مَنْ هِيَ شَخْصِيّات القِصّة؟

....

2 - ماذا تَأْكُلُ النّملة؟

....

3 - ماذا تَأْكُلُ النّحلة؟

....

4 - مَنْ عادَ إلى البَرِّيَّة بَعدَ غيابٍ طويلٍ؟

....

5 - مَنْ ساعَدَ الأرْنَب لِتَخْفيفِ وَزْنِه؟

....

6 - ما هِيَ مِهْنَةُ الأرْنَب؟

....

AF445698